Ueber

die Würde der Philosophie

und

ihr Recht im Leben der Zeit.

Rede

beim Antritt des Rectorats

von

C. J. Braniß.

Berlin, 1854.
Verlag von J. Guttentag.
(T. Trautwein'scher Buchverlag.)

Vorwort.

Das Thema zu meiner Rede ist mir durch den Eindruck gegeben worden, welchen die Vorrede zur dritten Auflage der Stahl'schen Rechtsphilosophie auf mich gemacht hat. Nicht eine Kritik dieser Vorrede konnte ich beabsichtigen; eine Kritik hätte sich ganz anders benehmen müssen, als eine akademische Rede es gestattet, die objectiv didaktisch sein soll, ohne in den Ton einer kritischen Untersuchung zu verfallen. Aber einen Protest wollte ich aussprechen gegen den Kern der Vorrede, der geeignet ist, einen sehr bedenklichen Einfluß auf den Gang der öffentlichen wissenschaftlichen Erziehung auszuüben.

Um ihres wissenschaftlichen Gehaltes willen würde ich eine flüchtige, gelegenheitliche Conception nicht durch den Druck veröffentlichen; um des darin enthaltenen Protestes willen aber bin ich verpflichtet es zu thun.

Braniß.

Einem schönen Brauche folgend widme ich das erste öffentliche Wort, das ich in der so eben überkommenen Würde auszusprechen habe, dem Dienste der Wissenschaft, dem Dienste der Wissenschaft, welcher mein Leben geweiht ist, und die zu lehren ich amtlich berufen bin — dem Dienste der Philosophie.

Erwarten Sie nicht, daß ich mich über irgend ein einzelnes Problem verbreiten, irgend einem besondren philosophischen Gegenstande meine Betrachtung zuwenden werde — dergleichen bleibt billig den Kathedervorträgen überlassen. Was ich mich gedrängt fühle hier zur Besprechung zu bringen, ist die Würde der Philosophie überhaupt, und ihr Recht in der Gegenwart, ein Thema, welches gar manche bedenkliche Zeiterscheinungen mir, ich darf sagen, fast aufnöthigen.

Wenn das Interesse an der Philosophie, welches vor kaum zwei Decennien noch alle Gemüther durchdrang, alle Geister bewegte, alle Bildung beherrschte, jetzt, wie nicht zu leugnen, so sehr in den Hintergrund getreten ist, daß es scheinen kann, es habe aufgehört als ein Hebel in der geistigen Bewegung des Zeitalters zu wirken, so mag eine solche Erscheinung wohl allenfalls verwunderlich sein, und zum Nachdenken über ihre Ursachen auffordern, Besorgniß aber, daß das philosophische Streben in der That aus der Zeit verschwunden sein könne, vermag sie nicht zu erwecken. Ist es ja doch ein bekanntes Gesetz im geschichtlichen Weltleben, daß im Umschwunge der Zeiten die leitenden Ideen der Geschichte ihre Herrschaft wechseln. Keine derselben aber erlischt in solchem Wechsel, keine giebt ihr Dasein auf, wenn sie sich auch von dem lärmenden Markt des Tagesbewußtseins in die Einsamkeit einzelner, in sich gesammelter Gemüther zurückzieht, und dort still und unbemerkt an der Zukunft der Geschichte webt, bis für sie die Zeit machtvollen Hervortretens wiederkehrt. Es ist dieß Gesetz für alle leitenden Ideen heilsam und gut, vornehmlich aber für die philosophische Idee. Denn was irgend eine in die Erscheinung hinausgelebte Gestalt der Philosophie, irgend eine zum Gemeingut werdende philosophische Weltanschauung an Breite der Existenz gewinnt, das verliert sie stets an innerer Tiefe. Das Leben der Philosophie soll aber vor Allem nach der Tiefe gerichtet sein. Sei also die Wirksamkeit der philosophischen Idee in den herrschenden Richtungen der Gegenwart immerhin eine schwache, wenig bemerkbare, eine bedenkliche Zeiterscheinung spreche ich hierin nicht an.

Bedenklich aber muß man es finden, wenn das Zurücktreten der Philosophie in den Interessen der Zeit geradezu für ein Vergessensein derselben ausgegeben wird, wenn dieß Vergessensein sogar als das Resultat der Philosophie, als von ihr selbst verschuldete, sie mit Recht treffende Verachtung bezeichnet wird; wenn die großen philosophischen Leistungen des vorigen und gegenwärtigen Jahrhunderts, welche alle tiefe Regungen des nach Erkenntniß ringenden deutschen Geistes in sich als in leuchtende Brennpunkte sammelten, die ihre Strahlen wiederum zurücksandten, erhellend, erwärmend, veredelnd, in alles Leben und Streben des deutschen Volks — wenn diese großen Thaten, der Stolz des deutschen Nationalbewußtseins, als eben so viele Unthaten dargestellt werden, befleckt mit innerer Lüge, hervorgegangen aus dem Abfall vom Heiligen, predigend eben diesen Abfall, und ihn endlich auf dem Boden des Handelns ausgebärend zu verbrecherischer That! —

Man erschrickt wenn man dergleichen hört! Man bezweifelt die Möglichkeit einer solchen Auffassung deutscher Philosophie, und doch ist eben diese Auffassung nur erst vor wenigen Monaten in der Vorrede zu einem wissenschaftlichen Werke in wortreicher Ausführlichkeit, und mit größerer Härte noch als hier berichtet, ausgesprochen worden — und zwar nicht vom Ersten Besten, sondern von einem in weiten Kreisen bekannten, geistig vielbegabten Manne, der es wohl versteht, seine Behauptungen in gewinnender Weise darzustellen, und dessen bürgerliche Stellung ihm überdieß gestattet, seinen Ansichten praktischen Nachdruck zu geben.

Verbietet es nun auch die Würde des Orts und des Tages hier auf eine Polemik gegen diesen Mann einzugehen, so mag es sich doch ziemen, die Philosophie gegen so schwere Anklage und so harte Verdammung in Schutz zu nehmen, und zugleich die Schmach abzuwenden von dem Andenken der edeln Geister, ohne deren Wirken die größte deutsche Litteraturperiode, mit ihrem reichen Fruchtertrage in der Wissenschaft, mit ihrer Blüthenfülle in der Poesie nicht gewesen wäre, und die deutsche Nation sich jetzt vielleicht auf gleicher geistiger Culturstufe mit den Völkern der pyrenäischen Halbinsel befände.

Von jeher hatte die Philosophie zwei Oppositionen zu bestehen, ausgehend von zwei einander selbst auf das Schärfste entgegengesetzten Mächten — vom sinnlich verständigen und vom religiösen Bewußtsein. Jenem erscheint sie als Thorheit, diesem als Anmaßung, jenem als unnütz, diesem als schädlich. Dieß ist auch leicht erklärlich. Denn kraft ihres Wesens befindet sich die Philosophie in der Mitte zwischen dem Bewußtsein des Endlichen, Sinnlichen, Zeitlichen, und dem Bewußtsein des Unendlichen, Uebersinnlichen, Ewigen. Ihr ganzes Dasein besteht in der Arbeit, die Kluft, welche zwischen diesen beiden Bewußtseinsgestalten liegt, im Erkennen ihres Zusammenhanges und ihrer Bezüge auszufüllen, und so ein neues Bewußtsein hervorzubringen, in welchem das Zeitliche aus dem Ewigen, als aus seiner Wahrheit begriffen, und das Ewige aus dem Zeitlichen, als aus seiner Offenbarung verstanden wird.

Wenn nun die Philosophie, wie sie nicht anders kann, das Bewußtsein des Sinnlichen aus seiner Sicherheit aufrüttelt, in seiner Gewißheit stört, wenn sie ihm sagt, die Wahrheit der sinnlichen Dinge ruhe nicht in ihnen selbst, sondern in einem Uebersinnlichen, dann verlangt dieses Bewußtsein wohl, daß ihm solch Uebersinnliches aufgezeigt, also sinnlich gemacht werde, und kommt leicht dahin, auf die Philosophie, die dieß Verlangen nicht erfüllt, als auf eine in hohlen Gedanken sich herumtreibende Grüblerin mit Verachtung herabzublicken.

Und wenn andrerseits die Philosophie, wie sie ebenfalls nicht anders kann, dem Bewußtsein des Uebersinnlichen zugewandt, den ewigen Inhalt desselben hineinzieht in den Prozeß ihres Denkens, so erregt sie bei diesem Bewußtsein, das in gediegener Gestalt Religion ist, leicht den Verdacht, als werde durch sie der heilige Glaubensinhalt profanirt; weicht sie aber gar in ihrem Wissensgehalt, der doch immer nur ein werdender ist, von dem in sich beharrlichen Glaubensgehalt ab, so begegnet es ihr, als religionsfeindlich bezeichnet, und wohl auch so behandelt zu werden.

So durch zwei mächtige Gegnerschaften sich stets hindurchwindend, oft durch sie behindert, nicht selten gehemmt, war die Philosophie doch immer in sich selbst stark genug, nach beiden widerstrebenden Seiten hin heilsam und förderlich einzuwirken. In die Sphäre des bloß sinnlich erfahrenden Wissens brachte sie den Geist der Wissenschaft, das ernste, nicht mehr vertilgbare Streben, die Wahrheit der sinnlichen Phänomene nicht in dem bloßen Dasein derselben zu finden, sondern in den bestimmenden, nicht sinnlichen Mächten dieses Daseins zu suchen. Im Gebiete der Religion fachte sie das Streben an, sich in den Glaubensinhalt erkennend zu vertiefen, und so vom Glauben aus zu einer Glaubenswissenschaft fortzugehen. Dieß sind einfache geschichtliche Thatsachen, die Niemand leugnen kann! Freilich, nicht dieser oder jener Philosoph, nicht dieses oder jenes speculative System hat so Großes vollbracht, aber doch die Philosophie; die den Menschengeist bewegende philosophische Kraft war es, die sich mächtig erwies in jenen beiden großen Lebensgebieten.

„Nun wohlan!" sagen die Gegner der einen Seite — „wir wollen der Philosophie das Verdienst nicht bestreiten, rohe Sinnesempirie in wissenschaftliche Erfassung des natürlichen Daseins umgewandelt zu haben. Nachdem sie aber dieß geleistet, was will sie denn noch weiter? Die realen Wissenschaften bedürfen ihrer nicht; zumal in unsren Tagen wird sie von ihnen völlig ignorirt!" — Nach der Versicherung jener im Eingang meiner Rede erwähnten Vorrede findet sich denn auch wirklich kaum mehr eine Erwähnung auch der berühmtesten Philosophen in den Werken positiver Wissenschaft.

Und die Gegner der andren Seite sagen: „immerhin möge die Philosophie den Fortgang des Glaubens zu theologischer Wissenschaft angeregt haben. Seitdem es aber eine Theologie giebt, was bedeutet da noch ein speculatives Wissen vom Ewigen und von göttlichen Dingen, welch' ein Recht hat dasselbe überhaupt in der christlichen Welt selbständig und unabhängig da zu sein?" — In der antiken Welt zwar — so spricht unsre Vorrede — wo die öffentliche Religion eine tiefe Verwirrung des Menschengeschlechts war, hatte die Philosophie wenigstens in Vergleichung zu ihr eine würdigere Gotteserkenntniß und edlere Sittenlehre. Jetzt aber, wo die öffentliche Religion die ewige Wahrheit selbst ist — meint unsre Vorrede — was sind da jene dürftigen Abstractionen der Philosophie vom Absoluten, vom reinen Sein und dgl.? Nachdem die öffentliche Religion selbst die Wahrheit ist, kann die Philosophie — meint unsre Vorrede — nur dann ein Nationalgut sein, wenn sie in Uebereinstimmung mit der öffentlichen Religion — wenn sie im Dienste der Kirche ist.

Auf diese Gegenreden ließe sich zunächst frageweise erwiedern: hat denn die Philosophie damit, daß Sinneserfahrung und Glaube wissenschaftlich geworden, ihre Aufgabe gelöst? Ist denn die Kluft zwischen Naturbewußtsein und Gottesbewußtsein ausgefüllt? Ist sie nicht vielmehr größer, klaffender geworden? Besteht zwischen den realen Wissenschaften und der Theologie tiefer Friede? Stimmen unsre Naturwissenschaften, unsre Geologie, Astronomie etwa mit der biblischen Naturanschauung? Oder soll vielleicht auch die Naturwissenschaft in den Dienst der Kirche treten, und, wenn sie es nicht thut, wie sie es ganz gewiß nicht thun wird, soll dann auch sie des Abfalls vom lebendigen Gott bezüchtiget werden? Oder darf man vielleicht der Naturwissenschaft um ihres anderweiten Nutzens willen durch die Finger sehen, während mit der Philosophie kurzer Prozeß gemacht wird?

Doch durch dergleichen Entgegnungen wird die Frage, von der es sich hier eigentlich handelt, nicht erlediget. Die Frage ist: Soll Philosophie sein oder nicht? Denn ein Sein derselben in irgend einem andern Dienste als in dem ihres eignen inneren Zwecks wäre ein Nichtsein der Philosophie. Eine etwas tiefer auf die Sache eingehende Erwägung wird erforderlich sein zur Beantwortung dieser Frage.

Die Religion lehrt, daß die Welt eine Offenbarung Gottes sei. Sie wäre aber keine solche Offenbarung, wenn es in ihr nicht ein Wesen gäbe, dazu bestimmt, dieser Offenbarung theilhaft zu werden. Ein solches Wesen ist der Mensch. Er ist ausgestattet mit der Macht, sich selbst offenbar zu sein, im Selbstbewußtsein; er ist begabt mit Sinnen, die ihm die Welt der Dinge kund machen, und mit Verstandeskräften, welche die empfangene Kunde zum Wissen der Dinge erheben, also daß ihm in diesem Wissen die Welt offenbar wird. Wäre der Mensch aber bloß solch Sinnen- und Verstandeswesen, er wäre nicht dazu berufen, Gottes Offenbarung in der Welt zu empfangen. Denn in seinem Selbstbewußtsein offenbart sich ihm nur er selbst, und die Dinge geben seinen Sinnen nur sich selbst kund, daß aber er sowohl als die Dinge Offenbarung Gottes ist, bleibt ihm verborgen. Die Sinne sind taub für die Rede Gottes in der Natur, sie bringen keine Kunde von ihr in den Verstand, und er bleibt unwissend darüber und blind. Eine andre Kraft noch mußte dem Menschen ursprünglich einwohnen, sollte er es sein, welchem Gott in der Welt sich offenbar macht. Er mußte ausgestattet sein mit der Macht, Gott zu vernehmen in sich selber und in allem Dasein außer ihm; und wäre ihm diese Macht nicht gegeben, das ganze unermeßliche Reich der Dinge vermöchte nicht, ihm Gott zu offenbaren. Sie ist ihm aber gegeben, und erweist sich kräftig in ihm, und er kennt und ehrt sie als das in ihm, was ihm einen unendlichen Werth giebt — sie ist seine Vernunft.

Die Vernunft ist die Macht des Menschen Gott zu vernehmen, sie ist das Band, das ihn mit Gott verknüpft, der Aether, in welchem Gott mit ihm verkehrt, und sich ihm kundmacht in der Schöpfung und in geheimem Wort. Wie nach Platon das sehende Auge sonnenartig, so ist die Vernunft des Menschen das Gottartige in ihm, seine göttliche Mitgift, die ihn befähiget, das Bild Gottes in der Welt zu sein. Die Vernunft ist nicht eine Fähigkeit, die sich mittelst eines Verdunstungsprozesses des Verstandes heraussublimirt, sie ist auch kein bloßer Reiz, der den Menschen hinausdrängt aus der Sphäre des Sinnlichen zum Suchen eines Uebersinnlichen, sie ist vielmehr die

Macht, kraft welcher er schon ganz ursprünglich über alles Sinnliche und Endliche hinaus ist, und das Uebersinnliche und Unendliche nicht bloß sucht, sondern unmittelbar findet und ergreift. Denn wie die Vernunft ein unmittelbares Vernehmen Gottes ist, so ist sie auch zugleich ein ebenso unmittelbares Anerkennen und Bejahen des Vernommenen.

In dem Gottesgeschenk der Vernunft hat nun der Mensch nicht nur die Befähigung, sondern auch die Aufgabe empfangen, sich selbst als eine Offenbarung Gottes aus allen Verhüllungen, die ihm als endlichem Geschöpf anhaften, herauszuringen, aus allen Banden, die ihn in seinem bloß natürlichen Dasein umstricken, zum Bilde Gottes zu befreien, und eben so sein Weltbewußtsein zum Wissen Gottes in der Welt, zum Wissen seines Offenbartseins in ihr zu erheben. Diese Aufgabe fordert, daß der Mensch in allen seinen Trieben, in allen seinen Sinnen- und Verstandeskräften sich mit Vernunft durchdringe — eine unermeßliche Arbeit, die nicht der einzelne Mensch, sondern nur das menschliche Geschlecht zu lösen vermag, aber auch zu lösen wirklich unternimmt, also daß sich in Mitten der natürlichen Welt eine Welt des Menschen erschafft, voll Ringens und Kampfes zwischen dem Natürlichen und Göttlichen in ihm, aber auch voll Ueberwindung und Bändigung des Natürlichen, voll Durchdringung desselben durch das Göttliche — die Geschichte der Menschheit.

Alle Arbeit der Vernunft des Menschen an seinem Naturdasein ist sittliche Arbeit, und die Herrschaft, die sich die Vernunft über dieses Dasein erringt, ist Sittlichkeit; die Geschichtswelt ist daher nichts anders, als die sich verwirklichende sittliche Welt. Die sittliche Arbeit der Geschichte umfaßt aber den ganzen Menschen; sie ergreift mit gleicher Energie alle Richtungen seines Daseins, alle seine Wesenskräfte, also nicht bloß sein Wollen, sondern auch sein Fühlen und Denken. Sie bringt darum in diesen drei zwar tief zusammenhängenden, aber doch sich sondernden Sphären die drei gediegenen Gestalten der Sittlichkeit hervor: das Staatsthum in seiner Vielförmigkeit, als Ausdruck des sittlichen Wollens, die Kunst in dem Reichthum ihrer Besonderungen, als Selbstbethätigung des sittlichen Fühlens, die Philosophie mit den von ihr ausgehenden und in sie zurückstrebenden Sonderwissenschaften, als Schöpfung des sittlichen Denkens. Bei der Beurtheilung des einzelnen Menschen ist man nun zwar von alter Zeit her gewohnt, sein moralisches Wollen und Handeln ausschließlich seine Sittlichkeit zu nennen, so daß man von sittlicher und intellectueller Bildung spricht, als ob die intellectuelle Bildung nicht zur Sittlichkeit gehörte, und nur als Beiwerk neben ihr herliefe. So aber darf nicht von der Geschichte geredet werden. In ihr entfalten sich die drei sittlichen Sphären mit und an einander, fördern sich gegenseitig, und ergänzen einander zur einigen Sittlichkeit des Geschlechts. Schon in dem Leben eines Volkes müssen alle drei vorhanden sein, und auf einander einwirken, damit jede gedeihe. Ein Volk, das in philosophischer und künstlerischer Bildung zurückbleibt, befindet sich auch immer auf einer niederen Stufe praktischer Moralität, so in seinem Privatleben, wie in seinem Staatsthum — was Diejenigen beherzigen mögen, die das Vergessensein der Philosophie in der deutschen Nation verkünden.

Was ich hier über das Leben der Geschichte ausgesprochen habe, genügt zur Beantwortung der Frage: Soll Philosophie sein? Sie soll so gewiß sein, als Sittlichkeit sein soll; denn sie ist eine wesentliche Gestalt der Sittlichkeit. Darum wird sie auch, so lange es eine fortschreitende Geschichte giebt, darin vorhanden sein, und sich kräftig erweisen als das was sie ist und allein sein kann, als Erkennen Gottes in der Welt, und der Welt aus Gott, kraft der durch die anerschaffene Vernunft in das Denken gebrachten Idee Gottes. In keiner andren Weise, weder im Dienste der Kirche, noch im Dienste des Staates wird sie jemals dasein, so gewiß sie Philosophie ist. In der ihr wesentlichen Weise existent zu sein hat sie aber auch ein von keiner Macht anzutastendes, göttliches Recht. Denn sie gehört, wie alle Sittlichkeit, zur Gottes Weltordnung.

Lassen Sie mich jetzt die hier mitgetheilten Conture weltgeschichtlichen Lebens noch durch einige Züge ergänzen. Die sittliche Arbeit der Geschichte vollzieht sich unter hartem Kampf; denn dem sich herausringenden Göttlichen im Menschen widersteht das Natürliche in ihm. Daher erscheint in der Geschichte der Kampf des Guten mit dem Bösen, der Wahrheit mit der Unwahrheit, des Schönen, Harmonischen, Erhabenen mit dem Häßlichen, Ordnungslosen, Gemeinen. Das Unvernünftige nimmt sogar den Schein der Vernunft an. Das Böse heuchelt das Gute; Anmaßung und Willkühr kleiden sich in die Formen des Rechts; Sophistik giebt sich für Philosophie aus;

das Häßliche und Gemeine schminkt und putzt sich zum Schönen heraus; und bläst sich zum Erhabenen auf. In allem Diesem erweist sich die Vernunft als das richtende Gewissen. Sie wirkt als moralisches Gewissen im privaten und öffentlichen Leben, dort im Schmerz der Selbstverdammung, hier als strafende Gerechtigkeit, und entlarvt in dem stets wachen Urtheil der öffentlichen Meinung den Heuchler. Sie zeigt sich als wissenschaftliches Gewissen in der die Wissenschaft stets begleitenden Kritik, die das Unwahre entdeckt und den sophistischen Schein zerstört. Sie äußert sich als ästhetisches Gewissen in dem untrüglichen Gefühlstakt, der das Häßliche und Gemeine von sich stößt, und sich von falscher Schönheit nicht blenden, durch hohle Emphase nicht bestechen läßt.

Aber nicht bloß in solchem steten Wechsel von Kampf und Sieg bewegt sich die Geschichte, sie ist zugleich in einem fortwährenden Ringen mit ihrer Aufgabe selbst begriffen. Sie kann, weil sie in der Zeit verläuft, die unendliche Vernunftthat nur in endlichen Gestalten zur Erscheinung bringen. Jede dieser Gestalten hat einen unendlichen Inhalt, drückt ihn aber nur in endlicher Weise aus, entspricht also ihrem Inhalt nicht. Darum giebt es in der Geschichte kein höchstes Kunstwerk, keinen vollkommenen Staat, keine die Erkenntniß abschließende, fertige Philosophie. Wohl aber giebt es in ihr ein Streben, welches sie nicht ausruhen läßt in den bereits zum Dasein gelangten Vernunftgebilden, sondern sie forttreibt zu höheren, der Vernunftaufgabe entsprechenderen Gestaltungen. Und hierin bekundet sich ihre sittliche Energie am lautersten. Denn hier tritt die Vernunft ihren eignen Thaten gegenüber, nicht zwar als richtendes, aber doch als prüfendes Gewissen, welches unnachsichtlich streng und scharf das Ungenügende und Beschränkte an ihnen erfaßt, und dessen Beseitigung fordert. Eben diese Forderung ist der stets sich bethätigende innere Impuls für die sich selbst schaffende Geschichte, zu höheren Schöpfungen fortzugehen. Auch diese sind zwar nie ohne Schranken — nach dem Schrankenlosen trachtet nur die Unvernunft — aber ihre Schranken sind durchsichtiger für ihren unendlichen Inhalt, verhüllen und trüben ihn weniger, offenbaren ihn entsprechender. Dieß nun ist der Proceß des Geschichtsfortschrittes, der sich in Staat, Kunst und Wissenschaft gleichsehr darlegt — ein Ringen der Vernunft mit dem Vernünftigen, das sich nicht ohne Streit vollbringt. Denn das zum Dasein gelangte Vernünftige weiß sich in seinem guten Rechte zu dauerndem Fortbestande, und widersteht der prüfenden Vernunft, die seinen Fortgang zu höherem Dasein fordert. Das Leben der philosophischen Wissenschaft zeigt diesen Proceß am reinsten und deutlichsten an sich auf in der Reihenfolge der Standpunkte, in ihrer Ausgestaltung zu Systemen, und in dem Streite der Systeme. Aber in diesem Streite vernichten einander die Systeme nicht, sie anerkennen sich vielmehr als Ausdrücke der Vernunftwahrheit, das höhere System tritt immer nur als Befreiung des niedrigeren von seiner Schranke auf. Nur der leere Zweifel rüttelt an allen Systemen, und will das Nichtsein aller, ohne Kraft, etwas an ihre Stelle zu setzen. Daß auch im Leben der Kunst und des Staates der nämliche Proceß, der nämliche Streit stattfindet, daß auch hier der bloß negirende, rüttelnde Zweifel sein Wesen treibt, ist bekannt genug.

In dem Ringen der vernünftigen Menschheit mit ihrer Aufgabe spricht es sich aus, daß die Vernunft niemals in ihren Schöpfungen ganz aufgeht, daß stets eine Ungleichheit besteht zwischen ihren Thaten und ihr selbst. Aber eben weil sie in den sittlichen Gestaltungen der Geschichte ihre volle Wirklichkeit nicht hat, schwebt sie zugleich über ihren Werken als das, was sie ursprünglich ist, als reines unmittelbares Vernehmen und Bejahen Gottes. So ist sie in der Geschichte vorhanden als Glaube an Gott, als Religion. Die Religion ist wie der Urquell alles Geschichtslebens, so auch die darin stets gegenwärtige Macht, durch welche die ringende Menschheit die Unvollkommenheit ihrer Arbeit sich ergänzt, in welcher sie alle Stürme ihres innern Widerstreits zum Schweigen bringt. Die Religion ist das Himmelsgewölbe, das über die Welt der Geschichte sich breitet, die reine Sphäre des Unendlichen, zu welcher die Menschheit aus den Hemmungen der ihr anhaftenden Endlichkeit sich erhebt, und in dieser Erhebung wird alles Fühlen inbrünstige Sehnsucht nach Gott, alles Wollen opfernde Hingebung an Gott, alles Denken versinkende Andacht in Gott.

Seltsam aber müßte es zugehen, wenn zwar die natürliche Welt Gott offenbarte, die große, reiche Geschichtswelt aber in ihrer inneren Unendlichkeit keine Offenbarung Gottes enthielte. Nun denn! Die Geschichte enthält Gottes Offenbarung, und es kommt ihr selbst zum Bewußtsein, daß sie sie enthält. Gott offenbart sich in der Natur für den Menschen, und offenbart sich in der Geschichte an dem Menschen und mittelst des Menschen gleichfalls für den Menschen. Das größte, wunderbarste, heiligste Ereigniß in Mitten der Geschichte, hat dieß der Menschheit selbst kundgethan. Mit ihm hat sich der Himmel der Religion in die arbeitende und ringende Geschichte selbst herabgesenkt. Sie ist christliche Geschichte geworden. Von einem neuen Geiste bewegt, hat sie ihre Arbeit mit verjüngten Kräften wieder aufgenommen; ein neues Leben in Staatsthum, Kunst und Wissenschaft hat sich entfaltet, zu welchem eine neue weltgeschichtliche Macht, die Kirche in ihrem reichen inneren Entwicklungsleben hinzugetreten ist, die mit ihrem Geiste hineinstrahlt in jene drei Sittlichkeitssphären, aber sie außer sich beläßt, und nicht hinwegzehrt. Die Kirche hat ihr eignes künstlerisches Gefühlsleben im Cultus gegenüber der Kunst, ihr eignes Willensleben im Kirchenregiment gegenüber dem Staat, ihr eignes Denkleben in der Theologie gegenüber der Philosophie. Alle Mächte der Geschichte haben sich unter den Charakteren des Kirchlichen und Weltlichen verdoppelt; die Geschichte selbst hat die Unterscheidung dieser Charaktere scharf in sich ausgeprägt, und sie wird bleibend in ihr sein bis zu ihrer Vollendung. Bis dahin wird sich die Forderung: keine Vermischung der Regimente, für alle Sphären des geschichtlichen Lebens in ihrer Kraft behaupten. Also keine Vermischung von Kirche und Staat! Keine Vermischung von kirchlicher und weltlicher Kunst! Keine Vermischung von Theologie und Philosophie! Welt und Kirche sollen zwar in allen ihren Mächten einander dienen, aber nicht im Dienste von einander sein. So soll es sein, so ist es und wird es bleiben.

Der gute Rath daher, den unsre Vorrede der Philosophie in dem Zuruf ertheilt: sie solle umkehren, d. h. sie solle in den Dienst der Kirche treten, wird unbenützt bleiben. Ohnehin ist es schwer zu begreifen, wie die Philosophie, an welche der Ruf der Umkehr ergeht, ihm folgen sollte, da sie nach der Versicherung der Vorrede gar nicht mehr existirt, da sie verschollen und vergessen ist, da der alte, stockblinde Simson, der sich an die beiden Gotteshäuser, Staat und Kirche lehnte, und sie umstürzte, sich selbst unter ihren Trümmern begraben hat — wie sollte dieser umkehren! Der Zuruf ist also eigentlich nur ein Wunsch;

das Verlangen nach einer neuen Philosophie, die schon umgekehrt geboren wird. Es ist zu bezweifeln, daß die Weltgeschichte jemals diesen Wunsch erfüllen werde. Alles hier von mir vorgetragene erweist ihn als unerfüllbar, ja als absurd, und überhebt mich zugleich der Mühe, die Philosophie gegen die Anklagen der Vorrede zu vertheidigen. Ueberhaupt ist festzuhalten, daß da, wo die Philosophie der Lüge bezüchtiget wird, das Recht widerlegt zu werden verwirkt ist. Nur der Wille kann lügen, nicht der Gedanke. Der Gedanke kann nur irren; die Philosophie aber ist das Werk des Gedankens. Sie ist irrthumsfähig und irrt vielfach; der Irrthum ist ihre Sünde. Aber ihr wohnt auch ein sehr waches Gewissen ein, das sie fortwährend zur Selbstprüfung drängt, also, daß sie ihre Sünde erkennt und bekennt, und nicht bloß Besserung verspricht, sondern sich wirklich bessert — sich corrigirt; und diese Besserung ist nicht Umkehr, sondern frisches, geläutertes Fortschreiten auf ihrer Bahn. Sie geht aber auch nur bei ihrem Gewissen, ihrem innern Priester zur Beichte, jeden andren Richter verwirft sie. Sie hat sich nie für die ewige Weisheit ausgegeben, sondern nur, wie auch ihr Name andeutet, für Liebe zur ewigen Weisheit — für Denkliebe freilich. Darum gilt auch in ihr keine Auctorität. Denn wo Auctorität gilt, da ist Furcht; Furcht aber ist nicht in der Liebe, sagt der Apostel der Liebe, und der Apostel des Gedankens sagt, wir haben keinen knechtlichen Geist empfangen, daß wir uns abermals fürchten müßten. Von diesen evangelischen Wahrheiten ist die Philosophie ganz durchdrungen. Jene in unsren Tagen so stark hervortretende Auctoritätspredigt, die das Gesetz, welches die Liebe in die fleischernen Tafeln des Herzens schreibt, aus dem Herzen reißen und mit dem Mosesgriffel wieder in den starren Stein graben will, findet kein Gehör im Reiche des freien Gedankens, im Reiche der Philosophie.

Ich habe bereits zugegeben, daß in unsrer Gegenwart die Philosophie in den Hintergrund des Zeitbewußtseins getreten ist. Daß sie aber darin nicht mehr vorhanden sei, ist nicht wahr! so gewiß nicht wahr, als der Geist des deutschen Volkes nicht zum Bizantinerthum herabgesunken ist. Die thatsächliche Bewährung dieser Gewißheit aber trage ich Euch auf, theure Commilitonen! Euch verpflichte ich in dieser Feierstunde dazu, es dereinst in Eurem Manneswirken durch die That zu bekunden, daß in Eurem Bildungsleben die Philosophie für Euch nicht stumm geblieben ist, und Ihr für ihr Wort nicht taub gewesen seid! Und nicht meine Auctorität, sondern meine Liebe legt Euch diese Verpflichtung auf, und nur Eure Liebe kann sie erfüllen!

Und nun, zum Schlusse, sollte es wirklich nöthig sein, die leuchtenden Bilder der deutschen Geistesheroen von dem trübenden Hauche maaßlosen Eifers zu reinigen? Sollte es z. B. nöthig sein, den Beweis zu führen, daß Lessing in der deutschen Nation mehr gewirkt hat für ächte Frömmigkeit, als der Pastor Götze? Dergleichen erspare ich mir, und wende Ihre Aufmerksamkeit lieber etwas Erquicklicherem zu.

Preußen, unser theures Vaterland ist es, welches alle Heroen der deutschen Philosophie in sich gehegt und gepflegt hat! In Preußens Residenz wird jetzt noch alljährlich der Geburtstag Leibnitzens gefeiert; Preußen ist das Geburtsland Wolffs und Kants, und der Schauplatz ihrer Thätigkeit; in Preußen haben Fichte und Hegel ihre zweite Heimath und ihren mächtigen Wirkungskreis gefunden, und als ob kein Stern deutscher Philosophie ihm fehlen sollte, gehörte auch Schelling während seiner letzten Lebensjahre Preußen an. Den Ruhm, in allen deutschen Landen der Staat der Intelligenz genannt zu werden, hat Preußen wohl verdient, und wird ihn wahren. Unser erhabenes Königshaus selbst, der Hohenzollerngeist, der stets die Philosophie gegen die Angriffe des Zelotismus beschützt hat, bürgt dafür. Wohl konnte es diesem Zelotismus einst gelingen, Wolff aus dem Lande zu hetzen, aber eine der ersten Regierungshandlungen des großen Friedrich rief ihn mit Ehren wieder zurück. Aengstliche Kleingläubigkeit konnte dem Imanuel Kant wohl eine Weile den Mund schließen; aber Friedrich Wilhelm der Dritte, der erhabene Gründer unserer Universität, die sein Andenken segnet, sprach die Worte: „Vernunft und Philosophie müssen die unzertrennlichen Begleiter der Religion sein," und diese unvergeßlichen Worte gaben der Philosophie die freie Rede zurück. Als blinder Eifer Fichte des Atheismus beschuldigte, da war es derselbe Monarch, der ihm in ächt christlichem Geist zuerst ein Asyl gab, und dann das philosophische Lehramt anvertraute. Und wenn jetzt abermals der Fanatismus die Philosophie verfolgen sollte, weß Andren könnten wir uns zu der Majestät unsres allergnädigsten Königs versehen, als neuer Bewährung der altbewährten Hohenzollernart, welche die Knechtschaft des Gedanken haßt? Ja! In solcher Zuversicht dürfen wir stehen; und so rufe ich hier zum Heile der Wissenschaft, wie Tausende heute rufen: Gott erhalte den König!

Druck von J. Draeger in Berlin, Adlerstr. 9.

FSC
www.fsc.org
MIX
Papier | Fördert
gute Waldnutzung
FSC® C083411

Kolibri 360 GmbH
Ferdinand-Jühlke-Straße 7
99095 Erfurt, Deutschland
produktsicherheit@kolibri360.de